Bruno David

Les oursins, messagers de l'évolution

CNRS ÉDITIONS

DE VIVE VOIX

La version audio du présent ouvrage
est disponible à l'achat sur le site www.devivevoix.com

ISBN : 978-2-271-14173-6
ISSN : 2680-2708

www.cnrseditions.fr
www.devivevoix.com

Les Grandes Voix de la Recherche

Une collection CNRS Éditions / De Vive Voix

Initialement conçue pour donner la parole aux lauréats et lauréates de la médaille d'or du CNRS, cette collection accueille désormais toutes les *grandes voix de la recherche.*

En des textes courts et vivants, ces chercheuses et chercheurs retracent leur parcours, nous présentent leurs travaux, nous transmettent leur passion. Passeurs et médiateurs, ils et elles explorent tous les domaines de la connaissance, nous introduisent au meilleur de la recherche française ainsi qu'aux grands défis de la science.

À écouter ou à lire, ces textes sont disponibles sous forme de livre audio et de livre papier.

Distraction, hasards et sérendipité

Longtemps j'ai été quelqu'un d'assez distrait. À 20 ans, j'ai même oublié de me faire « recenser » pour servir sous les drapeaux. En cette fin des années 1970, en pleine Guerre froide, l'Armée française ne plaisantait pas. On m'a convoqué à la gendarmerie de ma commune, en banlieue lyonnaise, où les militaires m'ont expliqué que j'étais un « très mauvais citoyen ». Recensé d'office, je devais impérativement rejoindre les rangs du contingent quelques mois plus tard sans quoi je serai considéré comme déserteur.

Cet instant a bouleversé les orientations que j'avais envisagées, faisant bifurquer le chemin que j'avais commencé à tracer dans les sciences. Issu d'une famille de naturalistes – mon père et ma mère étaient naturalistes, comme mon oncle et ma tante –, j'ai baigné dans cet univers de l'histoire naturelle. Pour autant, personne ne m'a « poussé » dans cette voie. Mes parents ont eu la sagesse de ne pas m'inculquer l'histoire naturelle avec trop d'insistance, laissant les choses infuser d'elles-mêmes. Longtemps j'ai été un élève, disons, moyen ou « standard », plutôt bon, sans être parmi les tout meilleurs de ma classe non plus.

Je m'intéressais à l'histoire naturelle certes, mais aussi à d'autres champs disciplinaires. Et, quand je suis arrivé au Bac, je ne savais finalement pas trop quoi choisir. Ce que je savais, en revanche, c'est que je voulais faire des sciences. Mais lesquelles ? On allait voir, me disais-je. Je me suis inscrit en Fac de Sciences et de fil en aiguille, je me suis retrouvé à faire des sciences de la Terre.

L'Armée française a modifié mes plans. J'avais prévu de poursuivre par une thèse de néotectonique, en clair de tectonique récente, financée par un grand groupe pétrolier français œuvrant dans les Caraïbes. Je devais d'abord obtenir un DEA – l'équivalent d'un Master 2 –, puis m'engager dans cette thèse de néotectonique avec à la clé une embauche par ce grand groupe pétrolier. Et vous imaginez bien que ma trajectoire eut été bien différente si cela s'était passé ainsi.

L'annulation de mon sursis militaire a fait s'effondrer ce projet, mais il m'a aussi donné l'occasion de prendre un peu de recul. J'ai constaté que ce qui touchait au vivant, à sa diversité, à son évolution était bien plus passionnant, à mes yeux, que les séismes. Partant de ma formation en sciences de la Terre, j'ai opté pour me tourner vers la paléontologie. Après deux mois de classes, le service de santé des armées, auquel j'avais été affecté, me laissait quelque temps libres pour la recherche.

Pendant ce service militaire, j'ai donc travaillé à un DEA consacré aux ostracodes fossiles du Quaternaire qui sont des crustacés microscopiques pourvus de deux petites valves. Je suis parti ensuite à Dijon pour faire une thèse sur les oursins fossiles du Crétacé, du début du Crétacé (–130 millions d'années) plus exactement. Encore de la paléontologie, donc. Les fossiles objets de mes recherches étaient plus précisément des échinides irréguliers, autrement dit des oursins présentant une symétrie droite-gauche, très différents de ceux que l'on voit sur les rochers de nos littoraux. De fait, c'est par un hasard assez triste que je me suis intéressé à ces animaux. Une chargée de recherches du CNRS, spécialiste des oursins du Crétacé, venait de décéder prématurément et personne ne travaillait plus sur le sujet. La niche écologique de recherche, en quelque sorte, se trouvait libre.

Toutefois, les hasards ne font pas une carrière et, dès ses débuts, mon activité de chercheur a surtout été guidée par la curiosité. Après les premiers choix fondateurs, l'intuition et les aléas de la vie m'ont souvent guidé et amené à prendre nombre de chemins de traverse, de bifurcations en fonction d'opportunités qui s'ouvraient, en fonction d'ouvrages que je pouvais lire, de contacts que j'avais avec tel ou tel autre chercheur, de discussions que je pouvais entretenir. Cette curiosité m'a permis, après plus de trente-cinq ans de recherche, de « toucher » à beaucoup de choses.

Certains peuvent considérer que, à toucher à tant de domaines, on reste à la surface des choses. Au contraire, j'estime que cela m'a amené à parcourir des univers très divers, parfois complémentaires, et à accumuler de multiples expériences s'enrichissant les unes les autres. Un fil rouge, car il en fallait un pour ne pas être totalement dispersé, m'a néanmoins guidé tout au long de ces années. Central dans mon cheminement, c'est celui de l'évolution biologique. J'ai essayé et j'essaye encore de comprendre et de mieux analyser l'évolution du vivant, à la fois dans sa trajectoire temporelle et dans ses mécanismes, ses modes d'expression encore à l'œuvre aujourd'hui. C'est ce qui a contribué à me faire basculer du côté de la biologie évolutive.

Le grand parcours du Crétacé

Revenons à nos oursins. Pour réaliser ma thèse de paléontologie évolutive, je me suis rendu dans les Alpes du Sud, dans la région de Castellane. À l'époque les sujets de thèse étaient définis d'une manière on ne peut plus laconique et mon directeur de thèse m'a dit simplement : « Écoutez, il y a des oursins fossiles dans la région de Castellane, allez voir ». Je suis donc allé voir ces oursins fossiles qui vivaient au début du Crétacé. Je me souviendrai toute ma vie de cette scène dans un bureau de l'université de Dijon, assez surréaliste quand on y pense avec le recul.

Car, à partir de là, il fallait bien se débrouiller. Donc, avec ma 2 CV, je suis parti dans cette partie des Alpes-de-Haute-Provence, juste au nord des gorges du Verdon, en quête des oursins fossiles. J'en ai récolté un bon millier, bien calés dans les différents niveaux stratigraphiques d'une période s'étendant sur 15 millions d'années. Les méthodes d'approche de l'évolution en vogue alors en paléontologie s'appuyaient sur la morphométrie, une analyse statistique des formes. Concrètement, cela passait par des mesures au pied à coulisse pour ensuite procéder à des analyses mathématiques de forme avec les moyens de l'époque, ceux de la fin des années 1970, qui certes n'étaient pas ceux d'aujourd'hui mais qui n'étaient pas non plus rudimentaires – on a parfois du mal à l'imaginer. C'étaient de très gros ordinateurs qui occupaient un mur entier à l'université et qui calculaient assez lentement. J'ai été parmi, je pense, les derniers utilisateurs de cartes perforées en informatique pour ma thèse de 3e cycle universitaire.

La recherche sur ces oursins du Crétacé inférieur de ce qu'on appelle en géologie l'Arc de

Castellane m'a passionné. D'abord les paysages de cette région sont grandioses. Géologiquement parlant, et c'est une forme de retour à la tectonique, l'érection de la chaîne alpine a bouleversé les terrains en les cassant, en les pliant à un tel point que des terrains plus anciens se retrouvent au-dessus de terrains plus récents, la stratigraphie est inversée. Il fallait repositionner les faunes des oursins fossiles dans cet écheveau pour en retracer l'histoire évolutive. Passionnant : la géométrie de la tectonique rejoignait ma passion pour le vivant, enfin l'ancien vivant.

J'ai enchaîné en travaillant un peu plus tard sur des oursins du Bassin parisien. Là, j'ai centré mon travail sur un moment très précis de l'histoire, une seule zone d'ammonites, ce qui correspond à un quasi instant géologique permettant une approche paléoécologique libérée de trop d'incertitudes temporelles : on pouvait supposer que les oursins de cette zone avaient vécu au même moment. La zone en question est la zone à Radiatus, située à la base de l'étage Hauterivien vers –123 millions d'années, lui-même situé au Crétacé inférieur vers le milieu de l'Ère secondaire. Mes récoltes se sont déroulées pendant l'hiver 1981-1982, au cours duquel j'ai traversé en une grande diagonale à peu près tous les champs du Bassin parisien du nord-est au sud-ouest.

En suivant cette zone d'ammonites extrêmement précise, j'ai récolté 7000 oursins. Parce qu'il y a peu d'affleurements dans le bassin de Paris, il fallait se contenter des champs et des fossés et y être en hiver lorsque les charrues remontent des fragments de roches. Cela m'a permis d'établir un transect à l'intérieur du golfe marin qui occupait le Bassin parisien à cette époque, un golfe qui était fermé vers le nord en direction de l'Angleterre et qui s'ouvrait vers le sud sur une mer occupant le Jura et les Alpes actuelles. J'ai réalisé un transect d'une rive à l'autre de ce golfe pour voir comment se distribuaient les environnements et comment changeaient les faunes des oursins à travers ce golfe.

Une nouvelle bifurcation dans ma trajectoire scientifique avait commencé à se dessiner quelque temps auparavant. Alors en fin de thèse, j'avais rencontré un chercheur, Michel Roux, qui à l'époque maître-assistant à l'université d'Orsay, se trouvait en année sabbatique à l'Ifremer à Brest. Il m'avait interpellé : « Écoute, franchement les oursins que tu vois dans le Crétacé inférieur des Alpes, il y en a qui leur ressemblent furieusement dans les profondeurs de l'Atlantique ! » Très intéressant tout ça.

Plonger au cœur des ténèbres

Grâce au navire de recherches océanographiques de l'Ifremer, le *Jean Charcot*, j'ai pu débuter mes explorations sur les oursins dans les profondeurs de l'Atlantique au cours de deux missions en 1979 et 1981. La première s'est déroulée au large des Canaries jusqu'aux Antilles – ce qui m'a amené à faire une transatlantique – et la seconde dans le golfe de Gascogne, en pleine période de tempêtes d'équinoxe. Et j'ai effectivement trouvé dans les abysses ces oursins qui ressemblaient à mes spécimens du Crétacé. Sauf qu'ils n'avaient rien à voir, ou du moins très peu à voir sur le plan de leur évolution. Il s'agissait de groupes différents ayant divergé au début du Crétacé ;

même s'il y avait certaines convergences de forme, elles restaient assez superficielles.

Ainsi, je suis tombé dans l'océan actuel où j'ai trouvé ces formes extraordinaires, des oursins qui ressemblent à des bouteilles ou à des amphores grecques, qui ressemblent à tout sauf à des oursins et qui vivent au-delà de 1 000 m de profondeur. On en trouve jusqu'à plus de 7 000 m, c'est-à-dire à peu près partout, car je suis convaincu qu'ils sont également plus profonds, c'est juste que l'on n'est pas allé les chercher.

Ces animaux des grandes profondeurs sont absolument fascinants. Ils ont complètement perdu leur symétrie rayonnante d'ordre cinq, cette structure en étoile qu'ont les oursins ordinaires sur lesquels on se pique les pieds quand on est au bord de la mer. J'ai voulu savoir comment ils avaient pu acquérir ces formes extraordinaires et quel avait été leur développement. Cette recherche était possible parce que j'ai eu la chance, pour plusieurs espèces, de disposer de ce qu'on appelle des séries ontogénétiques, c'est-à-dire des populations allant des tout jeunes oursins, qui font moins d'un millimètre, jusqu'aux adultes, qui font en gros trois, quatre, voire cinq centimètres pour les plus grands.

En me penchant sur leur dynamique de croissance, sur leur développement, j'ai examiné comment les plaques de leur squelette s'agençaient les unes avec les autres et comment on passait d'une symétrie rayonnante chez le bébé oursin qui ressemble à un oursin « normal » à un oursin adulte en forme d'amphore ou de bouteille. C'est un peu comme si l'on étudiait la « tectonique des plaques » – encore elle ! – des oursins. J'étais rattrapé par mon histoire personnelle, par cette tectonique des plaques des pétroliers de mes débuts. Mais, désormais, les « plaques » étaient celles du squelette d'un oursin. Il fallait comprendre comment ces plaques changeaient de forme et de position en cours de croissance, et comment, au fur et à mesure qu'elles grandissaient, elles avaient des mouvements relatifs les unes par rapport aux autres qui faisaient que, *in fine*, on obtenait un adulte qui ne ressemblait pas du tout aux juvéniles.

Ce développement, que l'on appelle scientifiquement l'ontogenèse, entretient des liens intimes avec l'« Évolution ». Et j'ai commencé à me passionner pour ces relations entre l'ontogenèse et l'évolution, en particulier après la lecture d'un ouvrage fondateur : *Ontogeny and Phylogeny*, ontogenèse et phylogenèse en français. Ce livre, publié en 1977 par Stephen Jay Gould, le grand paléontologue américain, examinait avec justesse et clairvoyance, les relations entre l'ontogenèse (le développement) et la phylogenèse (l'évolution). Gould met alors en forme explicite une théorie, celle des hétérochronies du développement. Il fonde une méthode analytique qui permet de formaliser les relations ontogenèse-phylogenèse de manière à mieux décrire et comprendre les mécanismes de l'évolution à l'échelle morphologique, mais aussi d'en saisir les implications adaptatives. Une avancée majeure.

La question de l'ontogenèse et de l'évolution a été une sorte de bascule, de bifurcation dans ma vie de chercheur. Je me suis dès lors entièrement consacré à ces sujets de développement, à ce qu'il est convenu d'appeler les hétérochronies du développement, c'est-à-dire la manière dont des décalages se produisent dans le développement d'organismes ou d'espèces, pour aboutir à des morphologies nouvelles. Cela m'a amené à toucher vraiment aux processus évolutifs, aux mécanismes qui sous-tendent l'évolution et ça m'a ouvert énormément de portes. J'ai couplé ces analyses du développement avec des analyses des parentés phylogénétiques fondées sur une démarche qui était alors encore relativement nouvelle en France, le cladisme, aussi appelé systématique phylogénétique. Le cladisme est une approche très formalisée qui permet de construire des arbres de parenté entre espèces ou entre taxons sur la base d'une catégorisation de leurs ressemblances : ressemblances superficielles dues à des convergences adaptatives, ressemblances héritées d'un ancêtre qui est aussi celui d'autres groupes, ou ressemblances héritées d'un ancêtre exclusif.

Donc pour mes oursins profonds, j'avais dans une main le développement avec l'évolution architecturale des plaques et dans l'autre un outil qui me permettait de comprendre les relations de parenté entre les différentes espèces de ce groupe d'oursins. Il y avait pas mal d'espèces qui avaient justement des architectures un peu différentes et j'ai pu comprendre par quels itinéraires des mosaïques de caractères avaient pu s'exprimer au fil de leur évolution.

Un oursin est un oursin ?

Dans la nature actuelle, il existe environ 1 000 espèces d'oursins et à peu près 6 000 espèces d'échinodermes en général, en y ajoutant étoiles de mer, concombres de mer, etc. Ces oursins, qu'on ne connaît vraiment qu'à travers des expériences douloureuses, généralement pédestres, sont en réalité d'une extraordinaire diversité. Certains, à l'état adulte, ressemblent à des petits pois. D'autres sont mous, parce que les plaques de leur squelette sont articulées et liées par du collagène. D'autres encore sont énormes, de la taille d'un plat à tarte, ou prennent – on l'a vu – une forme de bouteille ou d'amphore. La majorité des espèces vivent enfouies dans le sédiment ou sont plantées dans le sable des plages au milieu des grands rouleaux du Pacifique ou de l'océan Indien. Ces derniers présentent une forme spéciale : ils sont tout aplatis et ressemblent à des pièces de monnaie. On les appelle des dollars des sables.

Au sein de la classe des échinides, le groupe des oursins, on peut donc distinguer deux grandes catégories : des oursins dits « réguliers » qui ont une symétrie rayonnante d'ordre cinq et des oursins « irréguliers » qui ont perdu cette symétrie rayonnante et acquis une symétrie bilatérale avec un côté droit et un côté gauche. Ces derniers sont très nombreux et très intéressants à étudier, car ils ont des morphologies extraordinairement diversifiées. On a en effet beaucoup de mal à distinguer la symétrie rayonnante d'ordre cinq sur ces formes transformées au fil de leur parcours évolutif, mais on peut en retrouver des jalons dans leur développement.

Ils ont certes acquis une symétrie bilatérale, c'est-à-dire qu'ils ont un avant, un arrière, mais celui-ci n'est pas l'avant et l'arrière fondamental chez les échinodermes – nous y reviendrons plus tard. Cette symétrie bilatérale a été acquise secondairement en lien avec un mode de déplacement unidirectionnel, lui-même lié au fait qu'ils se nourrissent de sable ou de vase en avançant, un petit peu comme un ver de terre se nourrit de terre en creusant son tunnel.

Cette très riche diversité des oursins en fait une sorte de drosophile des mers pour étudier l'évolution. Comme chez les arthropodes les oursins présentent une architecture, celles des plaques de leur squelette à l'image des segments des arthropodes. Ils affichent par ailleurs une palette de formes très variée. Architecture et forme se combinent pour offrir une grande variabilité morphologique. Par ailleurs, les oursins portent beaucoup d'autres caractères : ceux des piquants, ceux des tubercules qui soutiennent ces piquants ou encore ceux de petites pinces qu'on appelle les pédicellaires, qui ressemblent à de minuscules pinces à sucre disposées entre les piquants. Il y a ainsi énormément de caractères accessibles à l'observation et à l'analyse. Qui plus est, la plupart de ces caractères se fossilisent. C'est-à-dire que le lien entre les oursins fossiles – en tout cas à partir du Secondaire il y a 240 millions d'années – et les espèces actuelles peut se faire assez facilement. Cela permet de porter un regard en continuité, d'aborder l'évolution biologique, soit à partir de modèles fossiles, soit à partir de modèles actuels, dans un continuum de méthodes et d'approches. Les oursins, parce qu'ils ne sont pas un modèle « conventionnel », classique, d'approche de l'évolution comme peuvent l'être les vertébrés, apportent de précieux compléments d'information.

Les oursins m'ont aidé à comprendre les arcanes de l'évolution du vivant, à comprendre comment fonctionne la biodiversité, comment elle a pu fonctionner à d'autres périodes, comment elle a pu traverser de grandes crises dans le passé géologique de la Terre, comment elle les a surmontées, quels ont été les mécanismes ou les processus qui ont prévalu lors des déclins d'espèces qui ont abouti à des extinctions, bref comment tout ça a fonctionné.

Aujourd'hui, en élargissant le propos, le sujet est devenu de comprendre ce qui se passe avec le déclin des espèces, cette crise qui nous cerne et ce qu'on désigne désormais comme étant la « sixième extinction ». Certes, nous semblons n'en être qu'à l'aube, au début du chemin, mais nous nous y engageons très vite. À tel point que l'aube va être vite dépassée et l'on risque de se retrouver assez brutalement à midi ou dans l'après-midi et il sera alors peut-être trop tard pour réagir.

Ouvrir la boîte à oursins

Chemin faisant, du golfe crétacé du Bassin parisien aux eaux sombres des profondeurs du golfe de Gascogne, je n'ai pu m'empêcher de bifurquer vers d'autres voies de recherche. Parfois, le hasard paraît total... La recherche se fait avec sérendipité et sa petite histoire s'avère parfois savoureuse. En 1988, j'avais obtenu une bourse de la Smithsonian Institution de Washington, l'équivalent du Muséum national d'Histoire naturelle en France. Cette bourse d'été m'ouvrait les « tiroirs » des collections du prestigieux National Museum of Natural History où je comptais bien retrouver de nombreux spécimens des faunes profondes et ces fameux oursins « irréguliers », en particulier.

La petite histoire se passe entre fin juillet et début août : la capitale états-unienne est très calme et les allées du National Mall sont vides. Je me sens un peu seul, tandis que je parcours les collections de la vénérable institution. Un collègue canadien, en post-doc à la Smithsonian, fait de même. Malheureusement, je cours de déception en déception : je ne trouve pas exactement ce que je suis venu chercher ; rien ne répond pas à mes attentes.

Lorsqu'un après-midi, je tombe sur une boîte avec des oursins arrondis de petite taille. Je me dis : « Tiens, bizarre ces oursins. Plusieurs possèdent un orifice au sommet de leur squelette. Qu'est-ce que c'est que ce truc ? » Certains ont donc un trou sommital, mais d'autres n'en ont pas. Et ce trou n'est pas artificiel : c'est un orifice qui ne devrait pas être là. Donc, je commence à regarder ces oursins de plus en plus près, puis j'en discute avec le collègue canadien qui travaille dans la pièce voisine sur un autre projet. Nous sommes de la même génération, deux spécialistes d'oursins égarés à Washington en plein été. La discussion s'anime et nous nous regardons : « mais peut-être que ce sont des oursins "incubants" », c'est-à-dire ceux dont les femelles abritent leurs jeunes à l'intérieur de poches et qu'on appelle aussi oursins « kangourous ». Une caractéristique connue, mais avec de simples dépressions à la surface du test, terme qui désigne le squelette chez les oursins. Là, on a un trou sans fond visible, une curiosité très intrigante.

Avec la plus grande délicatesse, nous examinons et disséquons très soigneusement un de ces oursins. Cet orifice correspond à l'ouverture d'une poche qui se trouve à l'intérieur de la femelle oursin, et qui contient des bébés oursins en très petit nombre, une dizaine tout au plus, au lieu de dizaines voire de centaines chez les autres oursins incubants. Mystère, les jeunes sont d'une taille supérieure à celle de l'orifice. Ils ne pourraient pas sortir si les plaques qui entourent l'ouverture n'étaient pas articulées sur des charnières en collagène, un tissu souple, pour permettre la naissance sans douleur. Autre mystère, la fécondation doit se faire à l'intérieur de la poche incubatrice dans laquelle les spermatozoïdes émis par les mâles doivent pénétrer. Du jamais vu chez les oursins.

Nous venions de découvrir un nouveau mode de reproduction chez les oursins, complètement par hasard, et chez des oursins qui étaient quand même quelque peu apparentés à ceux qui avaient des formes de bouteille ou d'amphore sur lesquels j'avais travaillé dans le golfe de Gascogne.

Nos deux histoires scientifiques se sont rejointes en quelque sorte et un vaste projet commun a démarré ce jour-là. Ce moment a marqué le début d'une collaboration scientifique de plus de trente ans qui se poursuit encore. Ce chercheur canadien, Rich Mooi, a ensuite été recruté à la California Academy of Sciences à San Francisco, au sein du magnifique musée d'histoire naturelle du Golden Gate Park. Et nous avons passé notre temps à échanger, moi à aller à San Francisco et lui à venir à Dijon. Pendant plusieurs années, l'OTAN nous a même octroyé une bourse de recherche. Les institutions militaires – mon parcours en est la preuve – servent parfois à autre chose qu'à la guerre.

Arpenter les espaces des formes

Tout au long de ma carrière de chercheur – je l'ai déjà souligné – la curiosité m'a poussé à entreprendre plusieurs chantiers de front et à courir plusieurs lièvres à la fois. Et, là aussi, j'ai rencontré des personnalités « cardinales », en particulier deux chercheurs américains, un spécialiste génial des *biological shapes* (formes biologiques), Fred L. Bookstein[1], et le biostatisticien F. James Rohlf. Leur travail autour de ce qu'il est convenu d'appeler la morphométrie

1. Bookstein, F.L. (1991). *Morphometric Tools for Landmark Data. Geometry and Biology*. Cambridge : Cambridge University Press.

géométrique (*geometric morphometrics*) m'a énormément influencé. La morphométrie géométrique est une nouvelle approche mathématique des formes.

Comment travailler sur des formes, notamment biologiques, qui s'avèrent très complexes ? Prenons l'exemple de nos visages : nos deux yeux, le bout de notre nez, nos narines, nos oreilles, les commissures des lèvres sont autant de points de repère que l'on peut identifier sur votre visage comme sur le mien et sur ceux de toute une population. La géométrie de ces points de repère nous permet de caractériser la morphologie d'un visage donné. Il reste difficile toutefois de comparer une géométrie avec une autre géométrie. Des biologistes s'y sont essayés. Il y a plus d'un siècle, D'Arcy Thompson (1860-1948), un Écossais, pionnier des « mathématiques biologiques », l'a fait en adoptant une méthode très empirique. Brillant, mais pas suffisant pour envisager des traitements statistiques. La démarche de Rohlf et Bookstein, au début des années 1990, se fonde sur une approche mathématique très théorique qui autorise le traitement simultané d'un grand nombre de formes. Elle a été une véritable « révélation » personnelle, un tournant extraordinaire.

Reprenons l'exemple de notre visage. Nous disposons d'une géométrie de points repères (en anglais *landmarks*) qui décrit notre visage et que l'on peut comparer avec d'autres géométries correspondant à d'autres visages. L'idée centrale est de réduire cette géométrie de points repères relevés dans notre espace euclidien (notre espace du quotidien) à un seul point dans un autre espace, non euclidien celui-ci, qui est un espace courbe.

Les mathématiques, mobilisées en arrière-plan, s'avèrent assez compliquées, mais considérons-les comme une boîte noire, dont nous ignorerions la mécanique. On prend des mesures en deux ou même trois dimensions sur des visages, des oursins ou, pourquoi pas des fers à repasser et on les glisse dans la boîte noire ; à l'autre bout de la boîte noire, va sortir un nuage de points dont chacun représente une forme initiale. Et l'on va pouvoir faire de la géométrie dans ce nouvel espace dénommé espace des formes. Chaque point de l'espace des formes, cet espace courbe, représente une morphologie complexe relevée dans notre espace du quotidien ; chaque distance dans l'espace des formes représente une différence entre deux formes de notre quotidien, deux visages pour reprendre notre exemple initial.

À partir de là, il devient possible de se promener dans un espace des formes ; on peut l'arpenter et y faire des statistiques. Revenons à l'évolution biologique. Il est possible de projeter les points représentant un groupe ou des individus représentatifs de populations, d'espèces… dans un espace des formes ; on peut considérer la manière dont ces points occupent cet espace : le regroupement ou, au contraire, la dispersion de catégories connues *a priori* comme des espèces ou des populations de différentes origines ; on peut considérer comment les positions changent au fil de l'évolution d'un groupe, comment elles se déploient lors d'une radiation ou au contraire se contractent lors d'un épisode de crise. Dans ce dernier cas, cela renseigne, entre autres, sur la nature de la crise : commence-t-elle dans un seul secteur de l'espace des formes ou est-elle d'emblée plus diffuse ? Cet outil permet de vraiment travailler sur l'évolution biologique à partir des morphologies qui deviennent « porteuses d'histoire ». Pour bien nous « promener » dans les espaces des formes, nous avons écrit, avec un collègue de Dijon – Bernard Laurin qui est devenu plus tard président de l'Université de Bourgogne –, un programme informatique déposé à l'Institut national de la propriété industrielle, qui permettait justement de construire de tels espaces et de développer ces mathématiques des formes.

Avec un jeune collègue, Bertrand Lefebvre, qui était encore étudiant à l'époque et qui est devenu chercheur au CNRS à Lyon ensuite, nous avons par exemple travaillé sur un groupe d'échinodermes de l'Ère primaire pour voir comment, au cours de son évolution – qui a duré plus d'une centaine de millions d'années –, il avait pavé cet espace des formes et comment les différentes morphologies s'y étaient déployées puis rétrécies jusqu'à l'extinction du groupe. Cela nous a permis d'analyser, de mieux comprendre quelle avait été la dynamique évolutive de ces curieux animaux.

Nous avions là un outil absolument extraordinaire pour comprendre des dynamiques évolutives, des grands patrons évolutifs. Il venait enrichir nos analyses des relations entre développement et évolution (ontogenèse-phylogenèse) ce qui permettait de caractériser et préciser les processus morphologiques à l'œuvre. Par ailleurs, cet outil venait en complément des méthodes de systématique phylogénétique (cladisme) déjà évoquées, des méthodes qui permettent de construire les relations de parenté entre les espèces. Distances morphologiques et distances phylogénétiques pouvaient être comparées. Par exemple, une grande distance phylogénétique couplée à une faible distance morphologique aboutissait à quantifier une convergence évolutive. L'ensemble de ces approches nous a offert une vision de plus en plus exhaustive, plus fine, de ce qu'étaient les processus de l'évolution.

Sur les épaules des oursins

Les premières applications de ces outils mathématiques m'ont procuré une intense excitation intellectuelle : je les ai d'abord expérimentés sur les oursins abyssaux, ces oursins profonds qui appartiennent au groupe des Pourtalesiidae. Puis, remontant des profondeurs de l'océan vers le littoral, j'ai beaucoup travaillé sur *Echinocardium*, qui est un genre d'oursins qui vivent enfouis dans le sédiment, un petit peu à la manière des taupes ou des vers de terre. Enfin, sortant de l'eau au début des années 2000, j'ai étudié les carabes, ces superbes coléoptères forestiers. Nous avons ainsi appliqué les méthodes de mathématique des formes couplées à des approches de génétique afin de comparer la diversification des carabes de Bourgogne Franche-Comté en contexte continental, avec celle des carabes du Japon en contexte de fragmentation insulaire. Même chose sur les populations d'*Echinocardium* d'origines diverses en collaboration avec l'équipe de génétique de Jean-Pierre Féral à la station marine d'Endoume.

À travers ce parcours autour de différents objets, je suis passé de la paléontologie aux abysses, puis des abysses au plateau continental, pour enfin rejoindre le littoral et sortir de l'eau. Mais le biologiste marin que je suis s'est vite retourné vers la mer.

En arrivant à un certain moment de sa carrière, on commence à mieux comprendre certaines questions et à accumuler des connaissances plus vastes et plus cohérentes. À la différence de disciplines comme les mathématiques, où les chercheurs se montrent les plus brillants lorsqu'ils sont assez jeunes – les Médailles Fields sont réservées aux moins de 40 ans –, l'histoire naturelle est une discipline d'accumulation de connaissances qui s'empilent, jusqu'à devenir presque encyclopédiques. J'exagère, bien sûr. Cette accumulation confère une maturité intellectuelle qui permet de comprendre et d'embrasser des questions plus larges.

Ce processus propre au métier de chercheur – qui pourrait paraître à certains un peu prétentieux ou académique –, nous l'avons vécu avec Rich Mooi, ce collègue canadien de la *California Academy of Sciences* à compter du milieu des années 1990. De conserve, nous avons orienté nos recherches vers la macroévolution des échinodermes. C'est-à-dire que nous nous sommes penchés sur l'ensemble des échinodermes, donc tout l'embranchement, abordant aussi bien les étoiles de mer, les holothuries ou concombres de mer, les lys de mer que sont les crinoïdes, les ophiures qui sont d'autres échinodermes à cinq bras, et bien sûr les oursins ; sans compter toutes les formes éteintes de l'Ère primaire qui sont bien plus nombreuses et diverses (s'il ne subsiste que cinq classes d'échinodermes aujourd'hui, une vingtaine d'autres existaient à l'Ère primaire). Les échinodermes partagent certes une symétrie d'ordre cinq, mais ils sont en même temps tellement divers que l'on ne comprend pas où se cachent les homologies entre parties du corps d'une classe à l'autre, par exemple entre les holothuries et les oursins. C'est un peu comme si nous avions mis tous ces échinodermes dans un grand sac et qu'on s'était dit : « on ne comprend pas comment ces animaux sont agencés ; il faut reprendre l'ensemble et essayer de l'expliquer quitte à bousculer pas mal de notions supposées bien acquises ».

Sans queue ni tête

Quand on regarde une étoile de mer, on ne sait pas où se situe la tête ni où est la queue. Et pourtant, les étoiles de mer, comme l'ensemble des échinodermes, sont assez étroitement apparentées aux vertébrés. Ces animaux qui « ne ressemblent à rien d'autre », ces échinodermes, ont tous une symétrie rayonnante, généralement d'ordre cinq, à l'image des cinq bras de la plupart des étoiles de mer.

Pour les classer, les savants du XIXe siècle s'étaient d'emblée appuyés sur cette évidente symétrie rayonnante. Louis Agassiz (1807-1873), par exemple, avait rangé les échinodermes à côté des cœlentérés, c'est-à-dire des coraux et des méduses. Il lui paraissait logique de réunir dans un même groupe tous les animaux rayonnés. Le développement de l'embryologie a montré par la suite que les échinodermes étaient des « deutérostomes », c'est-à-dire qu'au moment de la formation de leur tube digestif, la bouche se forme en second et non pas en premier, contrairement aux protostomes chez qui c'est l'inverse. Ce caractère fondamental qui s'exprime au tout début du développement conduit à classer les échinodermes à proximité des vertébrés, un fait acquis avant la fin du XIXe siècle. Les échinodermes sans avant ni arrière, sans queue ni tête, avec une organisation rayonnante sont des parents des vertébrés, alors que d'autres animaux, bien plus éloignés des vertébrés, comme les sauterelles, les langoustes ou les vers de terre, présentent eux un avant et un arrière. Quelque chose ne collait pas : où se trouvent la tête et la queue chez une étoile de mer ou chez un oursin ? La question paraît triviale, elle était centrale et y répondre allait en réalité s'avérer plutôt compliqué.

Les fameux oursins « incubants », ceux qui avaient des jeunes à l'intérieur des poches, nous ont servi de point de départ. Leur singularité, leur bizarrerie nous intriguaient : « d'où venaient leurs poches incubatrices ? » De fil en aiguille, nous avons dû revenir aux échinodermes du Paléozoïque inférieur, du début de l'Ère primaire. Pour ces formes très anciennes, nous disposions justement des séries ontogénétiques, c'est-à-dire des étapes de leur développement des plus petits aux plus grands.

En examinant comment ils se construisaient, nous avons émis l'hypothèse que la paroi de leur corps était composée de deux types de squelettes : un premier, organisé en cinq rayons de deux rangées de plaques alternantes, et un second, moins bien organisé fait de plaques sans ordre apparent. Nous les avons baptisés : squelette « axial » et squelette « extraxial ». Cela ne paraissait rien, mais conduisait à remettre en cause toutes les interprétations anatomiques de ces animaux. Nos collègues nous ont ri au nez. La « communauté » estimait que nous étions deux farfelus, ne connaissant rien au Paléozoïque inférieur et à ces créatures étranges, venus donner des leçons. Deux spécialistes d'oursins actuels ne pouvaient pas prétendre intervenir dans ce pré carré, un domaine réservé. Malgré le rejet, souvent violent, de notre thèse, nous sommes « accrochés » à notre idée.

Dérouler l'écheveau de l'évolution

Après les « vieux fossiles », dans une seconde phase, nous avons poursuivi nos recherches en nous attachant aux « jeunes larves ». La question des relations entre développement et évolution nous servait de fil conducteur. Nous voulions savoir ce qui se passe au moment de la métamorphose, au moment où se produit la transformation d'une larve en un bébé oursin ou un bébé étoile de mer.

Le phénomène est complexe et il n'est évidemment pas question de le détailler ici. *Grosso modo*, c'est un peu une affaire de plomberie : des « tuyaux » (des cœlomes) disposés un peu dans tous les sens vont se plier, s'organiser, et créer des anneaux, des rayons, tandis que certains tuyaux vont passer à travers d'autres. Nous avons ainsi repris en détail la description de la géométrie complexe des tubulures en question, tout en essayant de l'étudier en relation avec la mise en place des plaques du squelette. Et nous avons démontré que, dans l'anatomie d'un jeune oursin, coexistent deux parties : une qui est héritée de la larve, qui va se résorber progressivement au fil de la croissance, mais dont il restera tout de même quelques éléments chez l'adulte ; et une autre partie néoformée lors de la mise en place de ce système de tubes et de tubulures. Nous avons pu tracer la limite nette entre ces deux parties, que l'on peut matérialiser de manière précise. Il s'est avéré que cette limite sépare très exactement les deux types de squelettes que nous avions mis en évidence chez les échinodermes du Paléozoïque inférieur.

De vieux fossiles et de jeunes larves nous délivraient en quelque sorte le même message :

« il y a deux types de squelettes chez les échinodermes et ce sont des variations d'équilibre entre ces deux squelettes qui contribuent à leur diversité et à leur complexité ». Grâce à cette avancée, nous avons commencé à convaincre quelques personnes, dont Greg Wray, un collègue américain qui travaillait sur des gènes et sur les territoires correspondant à l'expression de certains gènes dans le développement. À la suite de nos travaux, il avait « scruté » le territoire de gènes qui interviennent dans le développement de l'holothurie, c'est-à-dire du concombre de mer, et de l'oursin. Il avait cartographié les territoires marqués par le gène *distal-less* et ces territoires correspondaient très exactement à la partie axiale du corps chez ces deux organismes. Aux apports des « vieux fossiles » et des « jeunes larves » s'ajoutaient donc ceux de gènes qui s'ajustaient exactement avec les types de squelettes que nous avions identifiés.

Le problème s'approchait de sa résolution. Nous avons compris à ce moment-là que les échinodermes étaient constitués d'un empilement de différents types de squelette. En fait – j'ai simplifié en disant qu'il y en avait deux –, il en existe plutôt trois, ou deux et demi, l'extraxial pouvant être lui-même subdivisé, lesquels tendent à s'empiler chez les formes anciennes et au début du développement puis qui se déstructurent. Cet empilement primitif ou initial correspond à l'axe fondamental antéropostérieur des échinodermes. En somme, nous avions retrouvé l'avant et l'arrière des oursins et de leurs cousins.

Tout se passe comme si l'on se trouvait face à une boîte avec trois compartiments. Prenez l'exemple d'une voiture. Le moteur se trouve dans un compartiment avant, les passagers dans le compartiment médian et les bagages dans celui de l'arrière. Vous avez une voiture à trois modules. Imaginez que vous écrasiez cette voiture en lui donnant une forme en étoile : les trois compartiments vont s'imbriquer les uns dans les autres. Vous allez voir la forme en étoile, mais vous ne distinguerez plus les compartiments initiaux. C'est exactement ce qui est survenu dans l'évolution des échinodermes : ceux du Paléozoïque inférieur présentaient trois compartiments, tandis que les plus récents n'en ont plus que deux, mais ils sont compressés, imbriqués selon une symétrie rayonnante d'ordre cinq. On ne voit plus que ce dernier aspect. Notre travail a été de tracer les limites entre les compartiments une fois que la compression est accomplie et donc de redérouler le fil de l'évolution pour redéployer les échinodermes, les décompresser en quelque sorte, et les interpréter à l'aune de ces compartiments.

Un cluster de HOX

Nombre de chercheurs ont alors été convaincus par ces découvertes et cette interprétation, ce qui nous a encouragés à pousser nos recherches un cran plus loin, en nous intéressant au cluster des HOX. Le cluster des HOX est un groupe de gènes que l'on a découvert chez la souris blanche et chez la mouche drosophile avant qu'ils ne soient identifiés chez tous les animaux. Ces gènes fondamentaux participent à déterminer où est l'avant et où est l'arrière chez un animal. Chez la mouche et la souris, ils s'expriment de manière séquentielle au cours du développement en commençant par HOX 1 et en allant jusqu'à HOX 13, quand il y en a treize. En effet, ils sont généralement au nombre de treize, sans rentrer dans les exceptions, et ils sont disposés dans cet ordre-là sur les chromosomes. De plus, ils s'expriment de l'avant, la tête, vers l'arrière, la queue. Il existe donc une colinéarité entre leur disposition sur les chromosomes, leur temporalité d'expression au cours du développement et leur expression morphologique le long de l'organisme de l'avant vers l'arrière.

Cette découverte, à laquelle a contribué l'équipe de Walter Gehring (1939-2014) à Bâle au début des années 1980, a représenté une véritable révolution. Que la mouche et la souris blanche – un arthropode et un mammifère – soient construites à partir des mêmes gènes qui définissent leurs extrémités antérieure et postérieure a bouleversé le monde de la recherche à la fin des années 1980 et jusqu'au début des années 2000.

En ce début des années 2000, une équipe américaine s'est intéressée en particulier aux gènes HOX chez les échinodermes et notamment chez l'oursin. Elle fit une découverte littéralement « ahurissante ». Les oursins, au lieu de présenter un ordre classique HOX 1, HOX 2, HOX 3, etc., jusqu'à HOX 13, affichaient un ordre différent : HOX 5, 6, 7, 8, 9, 10, 11, 12, 13, puis 3, 2, 1, HOX 4 étant absent chez les oursins. En obtenant ce résultat bizarre, ils ont cru s'être trompés et ils ont repris, par deux autres méthodes, leurs expérimentations. Les résultats étaient les mêmes : les premiers gènes attendus n'étaient pas à leur place et se retrouvaient de l'autre côté du cluster, mais à l'envers 3-2-1. C'était quand même surprenant et cette déstructuration a été considérée comme une fantaisie des échinodermes.

Toutefois, Denis Duboule, un spécialiste de la biologie du développement d'origine suisse, professeur à Genève, en tira une réflexion prémonitoire. Et si cette déstructuration du cluster des HOX chez les échinodermes n'était pas un désordre, mais peut-être le signe d'un autre mode d'organisation ?

Arrivés quelque temps après cette révolution de la « génétique moléculaire du développement », nous avons tiré les bénéfices de ce changement de paradigme de l'évolution. Avec mon collègue canadien de l'académie des sciences de San Francisco, nous avons compris que la disposition de ce cluster des HOX était en quelque sorte la clef de la symétrie d'ordre cinq. Je m'explique.

Quand se construit une colonne vertébrale de souris ou d'*Homo sapiens*, on sait grâce à la génétique du développement que les premières vertèbres s'édifient sous le contrôle des premiers HOX qui impulsent, en quelque sorte, une certaine morphologie. Puis, l'influence de ces premiers HOX est inhibée au profit des suivants qui prennent la suite et qui imposent une nouvelle morphologie et ainsi de suite. C'est pour cela que toutes nos vertèbres ne sont pas identiques. Dans ce processus, tout se passe comme si les gènes qui « parlent » en dernier étaient « les plus costauds » et imposaient leur type morphologique. Chez la souris ou la drosophile, ce sont les gènes postérieurs qui sont les « plus costauds » et l'on a vite – un peu trop vite – parlé de prévalence postérieure.

Chez les échinodermes, ceux qui parlent en dernier sont HOX 3, 2, 1 : les gènes par nature les plus antérieurs s'expriment en dernier. Or il se trouve que le compartiment antérieur des échinodermes correspond à ce fameux module axial qui porte la symétrie rayonnante d'ordre cinq. Cela explique pourquoi la symétrie rayonnante d'ordre cinq est si importante et s'impose à tout le reste chez les échinodermes. Parce qu'elle est exprimée en dernier, elle conduit à une prévalence antérieure. C'est ce qui fait qu'elle se surimpose à l'axe antéro-postérieur qui est pourtant plus fondamental.

Le pourquoi du comment de notre « sans queue ni tête », ou plutôt le mystère d'un axe antéro-postérieur avec une « tête » et une « queue », était éclairci. L'explication des morphologies si « bizarres » des échinodermes se trouve dans le cluster des HOX, dans la génétique du développement et dans ses liens avec la Théorie de l'évolution.

Chercher un oursin dans un océan de diversité

Touche-à-tout, j'ai emprunté en même temps d'autres sentiers de recherche, qui me semblaient parfois très éloignés ou du moins parallèles à mes investigations sur l'évolution des oursins. Je me suis beaucoup intéressé en particulier à la macroécologie et à la biogéographie. Il est évident pour chacun que la distribution des espèces sur Terre n'est pas homogène. On ne trouve pas des pandas partout : ils sont présents en Chine, mais pas en Europe. Les zèbres ou les castors sont dans le même cas. Non seulement les espèces sont inféodées à des niches écologiques, mais on peut se demander, pour certaines, pourquoi elles ne sont pas à d'autres endroits qui sembleraient *a priori* propices.

On pourrait très bien imaginer en effet que les ours blancs s'installent au pôle Sud. Les phoques y prospèrent et les conditions environnementales sont tout à fait satisfaisantes pour les accueillir. Or, il n'y en a pas. Simplement parce que les conditions écologiques ne suffisent pas : le contexte historique prévaut. Dérivés des ours bruns, caractéristiques de la partie nord de l'hémisphère nord, les ours blancs auraient dû traverser des zones chaudes – ce dont ils sont incapables d'un point de vue physiologique – afin d'atteindre le pôle Sud. Ils sont donc restés au Nord.

Ainsi, la distribution des espèces sur Terre n'est pas une distribution aléatoire. Elle obéit à la fois à des contraintes écologiques et à des contingences historiques. Et les oursins étaient un parfait modèle pour étudier cet équilibre à l'échelle de l'océan Austral, cet immense océan qui entoure l'Antarctique.

Avec Chantal De Ridder de l'Université Libre de Bruxelles, ainsi que Thérèse Choné et Thomas Saucède de l'équipe de Dijon, nous avons commencé par établir une gigantesque base de données de tous les oursins qui avaient été récoltés depuis 150 ans dans cet océan gigantesque. Cet espace maritime s'étend sur 15 000 km de long. C'est un véritable monstre océanique, presque aussi grand que l'Atlantique. La base de données, publiée sur un CD-ROM, a fini par rassembler plus de 7 000 occurrences géolocalisées, nous ouvrant un nouveau champ biogéographique – on parle aussi de macro-écologie – remarquable. Grâce à ce corpus de données et à des approches mathématiques nouvelles, une fois encore des mathématiques, nous avons cherché à prédire la répartition de certaines espèces dans l'océan Austral.

Concrètement, il convient de partir d'une carte de l'océan découpée en dizaines de milliers de pixels – 36 000 pixels dans notre étude – ce qui donne autant de petites boîtes. Pour chacune, nous avons une idée assez précise des conditions environnementales qui y règnent :

température, profondeur, salinité, couverture de glace… et autres paramètres environnementaux. Ce qui n'est pas documenté directement, les observations ne couvrant pas chaque mètre carré de l'océan, peut être déduit avec une précision suffisante par interpolation. Sur cette cartographie environnementale multicouche (un SIG), nous « plaquons » la distribution des espèces d'oursins là où elle est connue, c'est-à-dire pas partout. Des modèles mathématiques élaborés mettent alors en relation paramètres environnementaux et probabilité de présence d'une espèce. Cela permet ensuite d'extrapoler à l'ensemble de l'océan Austral les probabilités de présence des espèces, y compris pour les secteurs n'ayant pas été prospectés. Ces méthodes mathématiques partent d'une distribution homogène où la probabilité de présence dans chacun des 36 000 pixels est la même. Elles dégradent ensuite cette distribution idéale par cycles successifs jusqu'à obtenir des probabilités différenciées respectant au mieux l'adéquation entre conditions environnementales et présence des espèces pour chaque pixel de la carte.

Le modèle peut même s'auto-évaluer, et donc s'améliorer par itération, puisqu'il est possible de vérifier que, là où les oursins d'une espèce X ont été signalés, la probabilité affichée par le modèle est bel et bien forte.

Le fait de pouvoir dresser des cartes de probabilité de présence est d'un grand intérêt pour l'océan Austral, qui reste globalement méconnu. Ces cartes offrent la capacité de se projeter afin de savoir où potentiellement pourraient se trouver certaines espèces. D'autre part, une fois acquises les cartes de probabilité de présence pour plusieurs espèces, il devient possible de voir si certaines espèces ne sont pas souvent associées ou, au contraire, n'ont pas tendance à s'exclure. Un traitement mathématique supplémentaire conduit à définir ce qu'on appelle des écorégions. L'océan Austral a ainsi été découpé en écorégions, chacune caractérisée par des probabilités d'associations fauniques particulières. Intuitivement, la méthode paraît simple et déjà ancienne, mais ce qui est nouveau est que le découpage est libre de tout *a priori* de la part des chercheurs (habituellement, on définissait des régions avant d'analyser leurs similitudes et différences). Ici, le découpage est obtenu *a posteriori* comme un sous-produit des cartes de probabilité de présence. Ce sont des méthodes mathématiques basées sur des maximums d'entropie qui, en quelque sorte, « découpent » l'océan Austral à notre place.

Des oursins, des passagers et des crabes

Les oursins des régions antarctiques nous ont offert d'autres précieuses et inattendues opportunités de recherche. L'idée d'étudier les interactions entre des oursins et d'autres organismes tient encore à une part de hasard. Je travaillais depuis la fin des années 1980 avec Chantal De Ridder, ma collègue belge de l'Université Libre de Bruxelles. C'est elle qui, au détour d'une conversation, lança l'idée d'aborder les questions de symbiose chez les échinodermes.

En Antarctique, les oursins du groupe des cidaridés sont largement représentés par différents genres comme *Ctenocidaris, Homalocidaris, Aporocidaris*... Or, ces oursins ont une caractéristique originale : leurs piquants sont dépourvus d'épithélium. Sans la protection de leur épithélium, les piquants des cidaridés servent alors de support à plusieurs dizaines d'autres organismes. On y trouve des éponges, des vers (serpules), des bryozoaires (microscopiques animaux groupés en colonies qui ressemblent à de la mousse), des petits crustacés, des mollusques, etc. Tous ces organismes fixés sur les piquants sont des symbiontes qui vivent en permanence sur leur oursin. Ils se laissent transporter un peu comme les passagers d'un autobus : ils trouvent avec l'oursin un support pour se fixer, ils occupent une position surélevée qui leur permet de mieux accéder aux particules nutritives transportées par l'eau et ils sont véhiculés sans effort. Après avoir inventorié les passagers des oursins-autobus, nous les avons comparés avec les organismes qui se fixent sur des cailloux de la même taille que les oursins. Ce ne sont pas exactement les mêmes.

Nous avons également comparé les passagers de différentes espèces d'oursins et constaté des différences : les passagers de l'autobus 87 ne sont pas tous les mêmes que ceux de l'autobus 42. Des micro-oasis de diversité s'installent ainsi sur chaque oursin qui devient un acteur essentiel de la biodiversité de l'océan austral. L'étude des oursins autobus nous a permis en particulier de comprendre comment se faisait la recolonisation de fonds marins qui avaient été labourés par des icebergs. En effet, lorsque des icebergs géants se détachent de la plateforme, ils viennent « labourer » le fond et éradiquer tout ce qui s'y trouve. S'ensuivent des phénomènes de recolonisation auxquels les oursins apportent une importante contribution, amenant avec eux une foule d'autres espèces.

Poursuivant mes recherches sur les relations entre espèces, je suis allé travailler dans les Caraïbes, notamment en Jamaïque, sur la côte nord, dans la station marine de Discovery Bay. Je ne peux nier le fait qu'il s'agissait aussi pour moi de retrouver des conditions de température plus favorables en abandonnant pour un temps les eaux glacées. J'avais plongé au-delà des deux cercles polaires, vers les îles Lofoten au Nord et en Terre Adélie au Sud, et avec le *Nautile*, le sous-marin de l'Ifremer, j'étais descendu à 2 500 m de profondeur dans le Pacifique Sud, pour une fois au sec. Les eaux tropicales étaient bienvenues.

Dans la mer des Caraïbes, je me suis attaché aux relations de symbioses parasitaires entre de gros oursins irréguliers fouisseurs (*Meoma ventricosa*) et des petits crabes beiges qui sont l'équivalent de ceux que l'on trouve quelquefois lorsque l'on mange des moules. Ce sont des crabes petits pois ou *pea crabs* en anglais.

Les *pea crabs* maltraitent les oursins. Ils leur broutent l'épithélium, jusqu'à créer des lésions qui mettent le squelette à nu, un peu comme si un parasite nous ôtait la peau et les muscles jusqu'aux os. Ce sont donc des lésions importantes, néanmoins avec le temps, si les attaques cessent, l'oursin peut parvenir à cicatriser. Ces crabes sont bien des parasites et nous avons cherché à comprendre comment ce couple hôte (oursin) – parasite (crabe) fonctionnait. Pour cela nous avons réalisé diverses expériences dans un lagon de la Jamaïque. Une première expérience a consisté à équiper des oursins avec un petit flotteur accroché à un fil de manière à pouvoir les retrouver lorsqu'ils étaient enfouis, puis nous les avons débarrassés de tous leurs crabes. Deux jours plus tard, nous avons constaté que d'autres crabes étaient venus s'installer. Conclusion : les crabes sont mobiles et sont capables de changer d'oursin hôte. Nous sommes allés plus loin en collant des petites pastilles de couleur sur la carapace des crabes. Nous pouvions ainsi distinguer des sortes d'équipe de foot de crabes, chacune installée sur son oursin. On a alors placé des oursins côte à côte pendant 48 heures pour voir si les joueurs passaient d'une équipe (d'un oursin) à l'autre. Nous avons constaté la disparition de crabes marqués et l'arrivée de nouveaux venus non marqués, mais peu d'échanges de proximité. Conclusion : les crabes sont des vadrouilleurs au long cours.

Nous avons ensuite testé le rôle de l'olfaction en proposant à des crabes placés à la base d'un tube en Y deux sources d'odeur placées au bout des branches du Y : celle de l'eau de mer et celle d'un *Meoma* ; ils choisissent presque toujours le *Meoma.* Conclusion : les oursins ont une odeur qui attire les crabes. Dans une autre expérience, nous avons laissé les crabes choisir entre l'odeur d'un *Meoma* et celle d'un autre oursin du lagon, également marron et avec des piquants courts. Ils choisissent encore *Meoma.* Conclusion : les crabes sont des maniaques, ils veulent seulement déguster des *Meoma.* En dépit d'un protocole laborieux pour obtenir des résultats statistiquement fiables, ces expériences se sont avérées assez ludiques quand nous observions les hésitations prudentes de certains crabes ou l'audace et la détermination d'autres.

Ces pauvres oursins *Meoma*, qui se déplacent si lentement, ne sont pas près de se débarrasser de leurs petits crabes brouteurs et on les retrouve associés dans toutes les îles de la mer des Caraïbes.

Ces recherches sur l'écologie de la relation symbiotique ont été complétées par des études de génétique conduites à la fois sur les hôtes et les parasites de l'ensemble de l'Arc Caraïbe. Les structurations génétiques des parasites et des hôtes, abordées par différents marqueurs, sont apparues très différentes ce qui a conduit à s'interroger sur l'influence des facteurs historiques, climatiques, océanographiques et biologiques sur ces structurations.

D'autres champs de recherche ont émaillé ma carrière au CNRS, mais en filigrane, derrière chacune de ses étapes, la question de l'évolution est restée primordiale. J'ai essayé de comprendre comment se déroule l'évolution, évolution d'espèces ou de groupes d'espèces, à partir de modèles fossiles comme de modèles actuels. Que ce soit, à travers des relations entre le développement et l'évolution, pour comprendre comment se construisent des organismes aussi bizarres que les échinodermes. Que ce soit pour approcher les mécanismes qui sous-tendent l'évolution morphologique et la confronter à sa dimension génétique. Que ce soit en analysant la distribution géographique des espèces et ses déterminants. Que ce soit en explorant les relations, les interactions, entre espèces différentes. Que ce soit à partir d'observations, de mesures et de modélisations mathématiques ou d'expérimentations.

Ces interrogations m'ont conduit sur des terrains de jeu très différents, des Alpes aux Caraïbes, en passant par l'océan Austral, jusqu'à ce que Paris m'appelle pour des aventures plus administratives mais non moins passionnantes.

Promouvoir la science

Depuis 2015, je dirige le Muséum national d'Histoire naturelle. Président exécutif du Muséum, j'y occupe une fonction de président-directeur général, ce qui fait que je me préoccupe désormais aussi bien de la gestion de locaux, des budgets, des ressources humaines, du dialogue social, que de sciences que ce soit pour la recherche, l'expertise environnementale, les collections naturalistes ou la diffusion de l'histoire naturelle dans les galeries, les jardins ou les zoos du Muséum. Bien sûr, je ne suis pas seul dans cette aventure et une équipe à la fois professionnelle et amicale m'accompagne au quotidien. Si cette nouvelle page m'a conduit à cesser complètement mes recherches personnelles, elle ne m'a pas complètement coupé de la science.

Depuis le début de mon parcours au CNRS, j'ai toujours voulu, en parallèle de mes recherches, m'investir dans des actions concrètes. À bien des professeurs ou directeurs de recherche, il arrive un jour où l'envie leur prend de plonger dans le bain de la gestion et la politique de la recherche et vous en venez à prendre en charge une direction de labo, d'équipe ou autres. Sans originalité, le processus a été évolutif. J'ai d'abord candidaté avec beaucoup de volontarisme pour organiser de grands colloques, en particulier un événement sur les échinodermes à Dijon, bien loin de la mer, en 1993. Puis j'ai pris des responsabilités plus administratives à l'échelle régionale, devenant directeur d'une unité du CNRS, Biogéosciences, pendant douze ans, assurant des missions pour la délégation régionale du CNRS en Bourgogne, ou auprès de l'université comme chargé des relations avec les organismes de recherche (INRA, INSERM, CNRS…). En 2007, une nouvelle séquence s'est ouverte pendant laquelle j'ai pris des responsabilités au sein de conseils scientifiques d'abord comme président de celui de l'Institut français de la biodiversité, puis à l'Institut d'écologie et d'environnement, l'INEE du CNRS comme directeur adjoint scientifique, puis enfin au Muséum national d'Histoire naturelle dont j'ai présidé pendant six ans le conseil scientifique.

Lorsque les statuts du Muséum ont évolué, en 2014, j'ai brigué sa présidence. Mon projet, ce que je souhaitais pour cet établissement, avait pu se forger à travers les six années de présidence du conseil scientifique. Parmi ceux de cinq autres candidats, ce projet a été retenu par le jury réuni par les ministères en charge de la recherche et de l'environnement. Auditionné le 15 juin 2015, je suis nommé par le président de la République François Hollande, le 22 juillet 2015, et je prends mes fonctions le 1er septembre de la même année. La première page de l'aventure « Muséum » a été consacrée à réorganiser complètement cet établissement prestigieux fort de 2 500 personnels sur ses sites, de trois zoos et accueillant chaque année plus de trois millions de visiteurs sur ses sites payants. Accompagnée par des personnes de confiance, à l'image de Pierre Dubreuil et de bien d'autres, la mise en œuvre de cette réorganisation était lancée rapidement et, fin 2016, tout était bouclé : vote en conseil d'administration, rédaction du règlement intérieur. Début 2017, toutes les structures nouvelles étaient en place.

La réorganisation était nécessaire afin de déployer le projet scientifique que je portais pour cet établissement unique, extraordinaire et qui aura bientôt 400 ans. Le Muséum abrite une richesse de sites exceptionnelle, treize sites en France, à Paris avec les sites majeurs du Jardin des Plantes, du Musée de l'Homme et du Parc zoologique de Paris, mais également d'autres sites en région. Ensemble, ces sites sont bien plus forts que la somme des sites pris séparément. Il y a désormais une cohérence forte du Muséum qui doit lui permettre de répondre aux défis de la société.

Le Muséum entend bien sûr contribuer à répondre aux questions posées par la crise environnementale, mais il lui faut aussi penser d'autres défis, comme la place du numérique dans la société et au musée en particulier. J'estime que notre public doit d'abord voir des objets réels, éprouver des émotions face à des objets concrets, car cette expérience sensible est fixatrice de mémoire. L'émotion est-elle la même lorsqu'on découvre les *Nymphéas* de Monet à l'Orangerie ou derrière un écran ? Et devant le rhinocéros de Louis XV dans la Grande Galerie de l'Évolution ou face au diplodocus de Carnegie dans la Galerie de paléontologie ? Les images de ces deux animaux ne peuvent rivaliser avec l'émotion du réel, avec une confrontation directe.

Dans une société très peu éduquée à l'histoire naturelle, le Muséum joue aussi un rôle culturel et éducatif majeur. Nombre de nos concitoyens ne savent plus distinguer un triton d'une salamandre. Il nous faut « parler » à tous les publics, les atteindre, que ce soit le public des enfants, avec par exemple les désormais traditionnelles illuminations dans le Jardin des Plantes, ou celui des adultes, à travers des expositions plus exigeantes au Musée de l'Homme comme celles sur l'Homme de Neandertal, ou sur des questions de société avec « Frontières de l'Humain » et « Nous et les autres, des préjugés au racisme ». Le Muséum produit aussi des podcasts sur France Inter pour les tout petits enfants (*Bestioles*), ainsi que des émissions plus « sérieuses » (*Pour que Nature Vive*). J'interviens, pour ma part, depuis septembre 2020 sur l'antenne de France Culture. Pendant un an, un rendez-vous scientifique *Le monde vivant* ouvrait l'antenne tous les matins. Depuis septembre 2021, les chroniques sont devenues *Le pourquoi du comment : science*, et elles sont désormais hebdomadaires.

Le Muséum reste avant tout un lieu de connaissances, qui participe à la construction des savoirs à travers la recherche, mais aussi à travers ses collections qui sont un archivage du patrimoine naturel de la planète, un patrimoine universel, commun de l'humanité.

Enfin, et c'est sans doute le point le plus délicat et plus novateur, le Muséum doit s'engager et se montrer responsable face à des mouvements de société émergents et parfois déstabilisants. Comme je l'ai fait à une autre échelle dans ma carrière de chercheur, il convient de prendre la parole. En substance, l'institution doit prendre sa part de responsabilité pour combattre une forme d'incrédulité vis-à-vis de la science, pour ne pas parler de méfiance. Le Muséum parle, tout en s'imposant des limites claires, car il ne s'agit pas de faire de la politique ni de devenir prescripteur d'opinions. Cela se traduit par les podcasts adultes déjà évoqués, mais aussi par des *Manifestes*, qui sont de petits livres que le Muséum édite chaque année et qui traitent de questions de société. À travers la publication de ces *Manifestes*, il s'agit de rappeler à tous la nécessité d'intégrer davantage l'histoire naturelle dans la manière de penser nos sociétés contemporaines. Deux fois par an, le public est aussi convié à réfléchir avec nous autour de grands sujets de manière la plus ludique possible. Lors de ces *Tribunes*, nous avons par exemple traité de « Une seule santé : santé environnementale, santé humaine, santé animale », un sujet décidé avant la pandémie de Covid-19. Autre exemple, nous avons traité du « Risque » en partenariat avec l'Institut de physique du globe de Paris, l'IPGP, risques volcanique, sismique, alimentaire, environnemental…

L'objectif de ces actions est d'inscrire le Muséum comme un acteur institutionnel et une autorité scientifique majeure en matière d'histoire naturelle.

C'est une nécessité, car trop d'irrationnels irradient la société et encore plus avec cette pandémie. Un certain professeur du sud de la France s'est montré capable d'irrationnel dans des proportions assez incroyables et il faut absolument que la science et sa démarche retrouvent leur place. Ça ne veut pas dire que tout affect doit être écarté, non, mais il faut distinguer les registres : quand on est en science, on est en science, quand on n'est pas en science, on n'est pas en science. Au Muséum, cette distinction entre faits scientifiques, d'une part, et opinions ou croyances, d'autre part, est centrale. Cela n'interdit pas de s'émerveiller et ma devise pour le Muséum est : « émerveiller pour instruire ».

L'auteur

Président du Muséum national d'Histoire naturelle depuis 2015, Bruno David a été chercheur au CNRS et directeur de l'unité Biogéosciences. Paléontologue et biologiste, ses recherches l'ont conduit à explorer l'évolution de la biodiversité. Il a participé à plusieurs missions océanographiques, en particulier dans l'océan Austral, la mer des Caraïbes et dans le Pacifique avec le submersible *Nautile*. Il tient, depuis 2020, une chronique sur France Culture d'abord *Le Monde vivant* puis *Le pourquoi du comment : science.*

Du même auteur (ouvrages grand public)

Le monde vivant – B. David et G. Lecointre (Grasset 2022).

À l'aube de la 6e extinction. Comment habiter la Terre – B. David (Grasset 2021).

À l'ombre des crises anciennes – B. David (Presses universitaires de Bordeaux 2018).

Biodiversité de l'océan austral – B. David et T. Saucède (ISTE Édition 2015).

La biodiversité de crise en crise – P. De Wever et B. David (Albin Michel 2015).

Mondes marins, voyage insolite au cœur des océans – B. David, C. Ozouf-Costaz et M. Troussellier (Le Cherche Midi 2014).

Paléobiosphère – P. De Wever, B. David et D. Néraudeau (Vuibert 2010).

Manifestes du Muséum (en collaboration) Muséum national d'Histoire naturelle / Relief Éditions

Histoire naturelle de la violence (2021).

Face aux limites (2020)

Humains et autres animaux (2019)

Migrations (2018)

Quel futur sans nature ? (2017)

Sommaire

Les Grandes Voix de la Recherche

Dans la même collection

Thibault Damour, *Ondes gravitationnelles et trous noirs*
Gérard Berry, *La pensée informatique*
Nicole Le Douarin, *Les secrets de la vie*
Jean Jouzel, *Climats passés, climats futurs*
Philippe Descola, *Une écologie des relations*
Alain Connes, *La géométrie et le quantique*
Alain Aspect, *Einstein et les révolutions quantiques*
Maurice Godelier, *Fondamentaux de la vie sociale*
Jean Weissenbach, *Dépolluer la planète*
Claude Hagège, *Le linguiste et les langues*
Claire Voisin, *Faire des mathématiques*
Jules Hoffmann, *L'immunité innée*
Jacques Stern, *La cryptologie au cœur du numérique*
Françoise Combes, *Trous noirs et quasars*
François-Xavier Fauvelle, *Penser l'histoire de l'Afrique*

pcacmb
édition pré-presse
livres numériques

44400 Rezé

Achevé d'imprimer
en mai 2022
par Corlet Imprimeur
14110 Condé-en-Normandie

Dépôt légal : mai 2022
N° d'imprimeur : 22040566
Imprimé en France